LA RENTRÉE

D'ISABELLE II

A MADRID

LA RENTRÉE

D'ISABELLE II

A MADRID

PAR

OSCAR LESSINNES

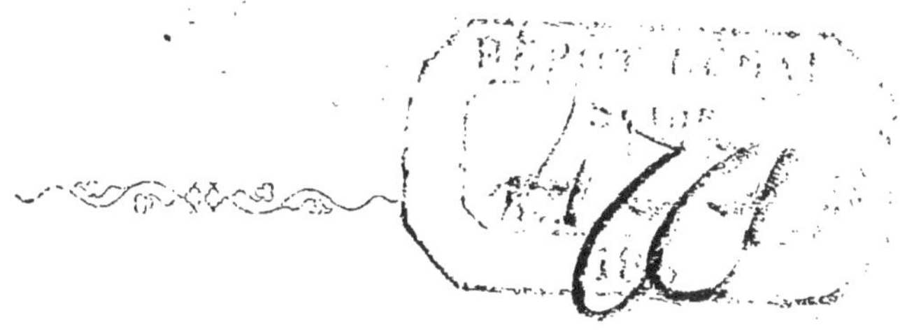

PARIS

CHEZ LES PRINCIPAUX LIBRAIRES

—

1869

LA RENTRÉE
D'ISABELLE II

A MADRID

Une nouvelle Constitution espagnole vient de voir le jour. Des principes inconnus jusqu'ici dans la Péninsule Ibérique ont été affirmés avec plus ou moins de bruit. Mais le fond de la nature espagnole est toujours resté le même. Le caractère d'un peuple ne se transforme pas par de longues et diffuses discussions telles que celles dont la tribune de Madrid vient de donner l'exemple. Les hommes n'ont pas changé. Ce sont des rivalités ambitieuses qui ont enfanté cette rébellion : elles sont toujours debout. Les principes n'ont été que le prétexte. Ce n'était pas une conviction sincère qui dirigeait les fauteurs du mouvement de septembre. Dans une nation où les classes supérieures, chargées naturellement du Gouvernement des affaires publiques, n'ont pas, pour contrebalancer leur influence, les classes moyennes et industrielles, le seul principe sérieusement en vigueur est l'amour du pouvoir quand même. L'Espagne ne connaît pas l'existence des fortes et robustes classes bourgeoises qui, en nos pays septentrionaux, jettent dans les luttes politiques un élément conservateur et ami *du progrès sans secousses*. L'Espagne ne connaît pas non plus beaucoup la classe ouvrière des grands centres industriels, laquelle, comme ses patrons, a besoin de tranquillité pour subsister. Elle n'a que des campagnards pour qui la politique est chose indifférente, ou des militaires en qui l'esprit de domination est inné, et pour qui la conviction politique est la moindre affaire. Commander et gouverner, peu importe par quels moyens, est leur devise. Les hommes de progrès, s'inspirant, comme dans nos contrées, d'idées sages, modérées, étrangères à tout esprit d'égoïste avancement, mais simplement patriotiques et nationales, existent sans aucun doute, possèdent un talent incontestable, sans aucun doute; seulement, il n'ont pas, jusqu'ici, pu se compter, ni établir entre eux une cohésion et un lien, sans lesquels il n'y a pas de parti. Si les partis sont un malheur dans les civilisations politiques avancées, ils sont une nécessité dans les civilisations politiques qui se forment. En un mot, les honnêtes gens attendent encore en Espagne de se voir membres d'un grand parti national, qui ne soit ni libéral, ni modéré, ni républicain, mais qui soit simplement espagnol. Il y a eu et il y a encore des factions, qui vont puiser leurs idées dans tous les coins révoltés et mécontents de l'Europe. Le parti Espagnol n'existe pas. Aussi la rébellion de septembre n'a pas dit son dernier mot, si les ambitieux qui l'ont suscitée ne sont pas fatigués de leurs luttes. Il n'y a plus de bornes pour l'audace là où il n'y a pas de patriotisme, pas de conviction ; là surtout où l'égoïsme personnel et ambitieux est placé à la hauteur d'un principe politique.

Les Cortès seront bientôt chargées de la lourde mission de choisir un souverain.

Pour le bonheur de l'Espagne, pour la tranquillité des honnêtes gens, pour la direction du grand parti national, qu'ils doivent se hâter de constituer, le rétablissement du trône d'Isabelle II et la restauration de sa dynastie, populaire quoi qu'on en dise, nationale et vraiment espagnole, sont des nécessités politiques incontestées. Sans le retour d'Isabelle II, l'Espagne entrera sous peu dans des luttes intestines interminables, telles que la connaissance du passé et du caractère belliqueux de ce vaillant peuple les font facilement prévoir.

II

Dans une situation où les personnes jouent un plus grand rôle que les principes, il n'est pas inutile de s'appesantir sur les qualités personnelles des deux augustes époux qui supportent leur douloureux exil avec une résignation si chrétienne et dans une attitude si digne. Cet éloignement de la patrie a fait connaître et apprécier Leurs Majestés, et les admirateurs ont fait naître les partisans. Les grossières attaques qui s'adressaient avec si peu de convenance à leur infortune ont cessé. Le feu éprouve les métaux précieux, et le malheur les grandes âmes.

Peu de mois se sont écoulés depuis que la reine Isabelle et le roi don François d'Assises ont abandonné Saint Sébastien et respiré l'atmosphère nouvelle et pénible des railleries et des calomnies perfides, et pesé la valeur de tant d'expressions de dévouement prodiguées jadis avec humilité aux pieds de leur trône. Les vrais amis ont été reconnus; mais les lâches aussi se sont montrés.

Dans la presse de Paris, qui fournit tant de noms à la liste des illustrations européennes, il s'est rencontré des esprits assez étroits pour se faire l'écho de mensonges bas et vils. Que de bruits vulgaires ont essayé de souiller la réputation de la plus loyale des reines ! L'empire de la vérité est tel, que les calomniateurs n'ont inspiré que du dégoût. Selon la parole même du plus doux et du plus honnête des rois, la conscience des calomniateurs a arrêté leur plume régicide; ils se sont tus de lassitude.

Combien de ces grands petits hommes de Paris, réputés pour la loyauté de leur con-

duite, sont allés, après avoir laissé insulter
dans leurs feuilles la Souveraine d'Espagne,
ou l'avoir insultée eux-mêmes sous des
pseudonymes, proposer timidement à Sa
Majesté la vente de leur plume suspecte !

Jugurtha, quittant Rome dans sa jeunesse,
s'écriait, en voyant disparaître derrière lui
les collines de la grande capitale : « Ville à
vendre, si elle trouve un acheteur. » Comme
les étrangers qui jugent le monde parisien
d'un œil impartial pourraient jeter aujour-
d'hui le même cri, si sur lui ne planait
l'Aigle Impérial, qui sait contenir de son
regard et de sa foudre toutes ces passions
basses et avides, et dont le vol, un jour, en-
traînera dans son sillon, vers des sphères
plus pures, Paris régénéré.

Qui donc oserait dire tout ce que les âmes
des deux infortunés Souverains ont conçu de
chagrins ! Quel homme ne se serait, après
l'avoir passé par de telles épreuves et après
les propositions de vente de tant d'écrivains,
répandu en paroles d'indignation !
Jamais aucun de ceux qui approchent
Leurs Majestés dans leur précieuse intimité
n'a pu dire qu'un geste, un sourire, un mot
de leur part, aient souligné le nom prononcé
devant elles de quelqu'un convaincu d'insi-
gne trahison. Jamais elles n'ont eu même
une expression de blâme pour tant de leurs
sujets qui se sont cependant conduits avec la
dernière indignité. Jamais personne n'a en-
tendu la Reine Isabelle ou le Roi Don François avoir seulement un simple mot de dépit,

par exemple, pour ce soldat, qui a peut être
encore, malgré tout, une certaine dose de
cœur, mais qui est faible, et que l'histoire
attachera au pilori de l'infâmie, avec cette
inscription : « Serrano fut un ingrat et un
traître! » Les grâces de son caractère privé
ne sauveront pas de la légitime colère de
la postérité l'homme oublieux de ses devoirs
envers ses illustres bienfaiteurs.

Au milieu des écrits qui visaient à l'esprit, et qui se publiaient à Madrid contre le
Roi tant éprouvé de l'Espagne, Sa Majesté
Don François faisait un choix de ceux des
plus violents, et les factieux parcourant en
septembre le palais abandonné de Madrid
ont pu trouver cette singulière collection re-
cueillie par la victime même que ces papiers
stupides voulaient blesser. Dans ces der-
niers temps, une attaque méchante contre le
Roi voyait le jour dans une feuille de Paris,
et la main d'un serviteur dévoué voulait aller châtier le misérable folliculaire, qui
comme ses pareils ne s'adressent si haut que
parce qu'ils savent qu'un dédaigneux silence
leur répond. La crainte d'un coup d'épée
certain arrêterait leur plume. Le Roi dis-
tribua lui-même parmi ses intimes l'article
hostile, et n'accepta point la défense propo-
sée, ne voulant pas faire donner le châti-
ment qu'un bras exercé n'aurait pas manqué
d'infliger à l'insolent barbouilleur de pa-
pier.

Les deux souverains ont été en butte à
des attaques très sérieuses, ne tendant à

rien moins qu'à tourmenter leur intérieur honnête et tranquille. La réputation d'une Reine auguste, à qui le souverain juge de la vertu sur cette terre, Pie IX, avait adressé la Rose d'or méritée, fut traînée longtemps à travers les journaux. La calomnie hideuse fit souffrir une Reine méconnue toujours, insultée toujours et dédaignant la vengeance. Il y eut, il y a encore à Paris des hommes qui parcourent les journaux et les salons avec la mission politique de ternir la renommée d'Isabelle II, et il y a des naïfs qui répètent les bruits mensongers. Les auteurs de ces turpitudes sont devinés et connus ; la politique les guide. Eh bien, jamais la Reine Isabelle, si bonne et si généreuse, n'a exprimé le moindre ressentiment. Peut être une larme a-t-elle quelquefois coulé silencieuse le long de ses joues, larme de martyre qui regrette d'être incomprise et injuriée, mais que Dieu récompense par le courage dans l'adversité et par la consolation d'avoir toujours fait son devoir.

Digne en tout point de la mission élevée qui lui est échue en ce monde, Isabelle II a une haute intelligence des charges imposées par sa couronne. Ayant toujours été dirigée en vue des affaires et du gouvernement de son peuple, son éducation lui a donné l'expérience du cœur humain. La Reine sait vite juger les mobiles qui dirigent les autres. Elle aime l'intelligence ; elle apprécie l'esprit et estime le talent ; elle le recherche avec curiosité dans ceux qui l'entourent, et sait le faire valoir. Elle ne peut pas avoir les minutieuses affectations de sentiment des autres femmes : elle sait avoir de l'amitié comme un honnête homme, et, chose plus difficile, elle sait toujours, quand elle daigne en prendre la peine, inspirer de l'amitié réelle, respectueuse et sérieuse, aux gens qui pourraient avoir, dans le principe, quelques préventions. L'amitié est le plus noble des sentiments, et une âme vulgaire ne sait ni la comprendre, ni la partager, ni la faire naître. Dans ses salons, ouverts à toute heure à tant de ces familles à qui elle porte et qui lui rendent ce sentiment élevé, elle peut passer la tête haute devant toute sa cour, à qui rien de sa vie n'est caché et à qui rien même ne saurait être caché, grâce à l'étiquette existante.

La Reine n'a jamais trahi l'amitié. Son noble cœur est franc et loyal, et abandonner ses amis ou les tromper est une bassesse qu'elle n'a jamais connue. Enfin, cette Souveraine n'a jamais eu à rougir devant ceux qui la connaissent le mieux, d'un sentiment quelconque indigne d'une mère, d'une Souveraine et d'une chrétienne. Tous les hommes d'honneur qui composent sa cour attestent la conduite honorable de cette Reine, que le méchant esprit d'une presse ordurière accuse indignement.

C'est peut-être s'étendre trop longuement à propos de calomnies ; cependant si une Reine et un Roi sont placés trop haut pour prêter attention à tant de propos malséants,

leurs partisans et leurs amis, mêlés plus in-
timement à la vie commune, ont le devoir de
répondre par un démenti, de se révolter
contre l'odieux caractère de ces manœuvres
déloyales, et d'en poursuivre les méprisables
auteurs par tous les moyens possibles.

J'ajoute donc que, bonne et sensible au
malheur des autres et indifférente au sien
propre, Isabelle n'a jamais refusé son aumône
aux pauvres qui l'implorent. Généreuse et
loyale comme on sait l'être dans la vraie et
haute noblesse, elle a eu des délicatesses
inouïes pour toutes les infortunes imméritées
qui s'adressaient à son cœur. Elle s'est élevée
jusqu'à un véritable héroïsme dans plus
d'une occasion. Qui donc, parmi nos hommes
d'État d'aujourd'hui, aurait eu le courage
d'agir comme elle l'a fait, dans une circon-
stance récente ? Elle a décliné l'offre de papiers importants, faite dans une intention
vénale par une personne en qui un compéti-
teur au trône d'Espagne avait mis sa con-
fiance.

Cette noble nature, vraiment royale, mise
toujours aux prises avec les exigences d'une
position exceptionnelle, avec la méchanceté
de certains hommes et les intrigues de certains autres, n'a jamais goûté le vrai bonheur, pas même ce bonheur que possède la
plus petite bourgeoise : celui d'être tout en-
tière à l'éducation d'enfants adorés. Les
soucis de la politique ne lui permettent pas
de ne vivre que pour eux, ainsi que son cœur
maternel le désirerait si ardemment. Le mo-

ment e plus doux de sa journée est certainement celui où le Prince royal vient baiser la main de sa mère et où les Infantes voient s'incliner sur leurs fronts innocents la tête de leur bonne mère, qui leur donne d'affectueux baisers avec un si noble et si chaleureux abandon. Si les calomniateurs voyaient ce tableau touchant, ils se souviendraient de leur enfance et de leur mère, que de pareils soupçons injustes d'inconduite auraient tuée de chagrin.

Reine, Isabelle II a été trahie ; femme, elle a été calomniée, avec une violence et une habileté dont elle ne soupçonne pas l'importance dans sa magnanime bonté. Mère, elle ne peut goûter qu'en passant la joie pure de tenir ses chers enfants pressés sur son sein ; elle a souffert enfin dans toutes les fibres de son cœur et méritait un jugement plus juste de la part de tant d'écrivains égarés.

Ce caractère de femme supérieure s'est formé de soi-même. Si le malheur de perdre de bonne heure son père est grand pour tout le monde, il le fut surtout pour Sa Majesté Isabelle II, dont la mère, appelée ailleurs par sa destinée, ne put pas constamment diriger ses jeunes années.

L'honneur d'avoir su mettre en évidence les qualités innées de franchise, de bonté et d'élévation d'âme de la Reine Isabelle, revient en partie à sa propre volonté et en partie à l'influence de son auguste époux,

son soutien naturel et le consolateur de cette
existence éprouvée.

Doué d'un caractère philosophique auque
bien peu d'hommes atteignent, le Roi Don
François d'Assises redoute l'ostentation. Il
aime à s'effacer et peut-être que son plus
grand bonheur serait de n'être pas souverain;
mais son esprit, sérieux, instruit, chevale-
resque, se révèle malgré lui. Personne n'a
jamais regardé avec plus de calme que Sa
Majesté les vicissitudes de la politique. Tan-
dis que tout le monde s'émouvait à la chute
du trône des Bourbons d'Espagne, le Roi
Don François l'a acceptée comme une simple
épreuve offerte à son courage par la Provi-
dence. Les trahisons d'anciens serviteurs et
leurs défaillances d'âme ne sauraient trouver nulle part une aussi large indulgence
qu'auprès de lui. Il explique et pardonne
tout avec des raisons que peuvent seuls inspirer un esprit chrétien et une rare expérience.

Un homme obscur tel que moi a peine à
s'élever à l'intelligence de ce caractère qui
ne s'effraie ni ne se tourmente de rien, qui
n'a rien à désirer. Se trouvant dans une situation éminente, en dehors et au-dessus des
sentiments communs aux autres mortels, les
Rois examinent tout avec des idées différen-
tes. Ils sont vraiment philosophes quand ils
ont, comme S. M. Don François, le carac-
ètre porté à l'observation et à la réflexion,
et surtout quand ils sont bons, la bonté
étant ce qu'il convient le plus à un Souve-

nain de posséder, pour aimer les hommes lorsqu'on les voit de si près et sous des aspects si étranges.

Quiconque n'examine pas la révolution espagnole avec partialité, quiconque daignera se laisser guider par la bonne foi d'un écrivain libéral, indépendant, et se dévouant avec abnégation et sincérité à ce qu'il croit la plus légitime des causes, doit se demander, étant donnés le caractère élevé, généreux, loyal de la reine Isabelle et le caractère élevé, réfléchi, également généreux du Roi Don François; quiconque, dis-je a de l'honneur et du cœur, doit se demander si de tels Souverains, ne sont pas appelés à retourner bientôt sur le trône d'Espagne et si d'autres, qui n'ont pas fait leurs preuves de dévoûment et d'intelligence comme eux, peuvent usurper leur place. Ce n'est ni un plaisir ni un bonheur d'occuper un trône : c'est un dur labeur. Si les sentiments intimes de Leurs Majestés Isabelle II et François d'Assises étaient connus, peut-être verrait-on que pour eux c'est un sacrifice que d'accepter de nouveau cette couronne, — qui, comme toutes les couronnes, hélas ! rappelle l'auréole d'épines qui se teignit du sang divin. — C'est un sacrifice pour des Souverains trop bons et trop bienveillants, pour deux époux que leur noble cœur entraînerait plus volontiers vers les calmes loisirs d'une vie simple et obscure. Mais pour de simples gentilshommes, noblesse oblige ; de même pour les personnages nés sur les trônes, naissance oblige : autre

chose encore les oblige : c'est l'espoir que
mettent en eux tant de partisans dévoués, et
principalement le peuple pauvre, nécessi-
teux des campagnes, et la foule, qu'on n'a
point consultée pour renverser ses bienfaiteurs. Le malheur de l'Espagne, dirigée aujourd'hui par des hordes d'ambitieux sans
but et sans mission, oblige enfin les Souverains légitimes de ce noble pays à sacrifier
leurs penchants simples et modestes au bonheur d'une nation qui, en se réveillant,
comprend que personne ne remplacera ses
dignes Souverains, ni ne l'aimera avec une
affection plus droite et plus sincère que la
leur [illegible]

Pour achever le portrait esquissé malheu-
reusement ici par une mauvaise plume à
traits rapides) de Leurs Majestés Isabelle II
et Don François d'Assises, je dirai ceci : Les
ambitions égoïstes, les excursions dans des
pays démocratiques plus avancés, les études
superficielles, peuvent avoir, à propos de politique, créé des divergences d'opinions et
faussé l'esprit de quelques Espagnols in-
fluents, mais ici dans toute cette masse
d'hommes constituant la nation Espagnole,
qui, pendant près d'un quart de siècle,
fut gouvernée par Isabelle II, il se trouve
un seul individu, un seul, qui ait été froissé,
maltraité, blessé INJUSTEMENT par un acte
quelconque, émané DIRECTEMENT de la Reine,
inspiré par elle, dicté par elle, si quelqu'un
dans toute l'Espagne, peut se lever et dire :
« La Reine, le sachant, m'a fait du mal ! »

elle savait qu’elle me faisait du mal et que
je ne le méritais pas ; la Reine s’est jouée
de moi. » Moi, qui écris ceci, je dirais :
« Cet homme a menti ! » si c’était là une ma-
nière de parler ; mais je dis qu’il est fou ou
ingrat. Car tous ceux qui approchent la
Reine légitime de la loyale Espagne, la
Reine, qui, si elle était un homme, serait
descendue elle-même dans la rue pour pan-
ser de ses royales mains les blessures que
des ministres inintelligents faisaient à son
peuple bien-aimé, tous ceux-là, dont la simple affirmation vaut un serment, disent :
« La Reine ne pouvait pas connaître toutes
les infortunes ; mais elle est si noble, si loyale,
si vraiment bonne, si confiante envers tout
le monde, qu’elle a déposé des trésors aux
mains d’hommes qui ne les lui ont pas rendus, et elle s’est tue. Elle a passé des mois
dans les pleurs parce qu’elle n’était pas com-
prise de ses ministres, et parce que ses ministres venaient près d’Elle se plaindre
d’être disgraciés et se prévalaient de ser-
vices rendus pour rester au pouvoir ; elle a
toujours souffert enfin, cette femme généreuse et noble, à qui aucune douleur n’a été
épargnée ; et cependant elle a toujours souri
à son peuple, parce que le peuple la com-
prenait ; mais il ne pouvait rien pour elle.
Quelquefois, quand un des enfants de ce noble peuple se distinguait, elle l’anoblissait,
le couronnait de gloire ; mais il se changeait
quelquefois en traître, corrompu qu’il devenait par des théories puisées à l’étranger.

Cette femme à qui il a manqué des soutiens et des amis désintéressés (lesquels, sans ambition, n'auraient vu que la gloire de son règne), cette femme est méconnue, trahie, persécutée au nom de principes qu'on dit larges et progressifs, et qu'elle aime elle-même au-dessus de tout. »

Sa position, en effet, est vraiment étrange. Elle aime cette Liberté, qu'on encense avec la croyance qu'on déplaira à la Reine. Mais si vous l'approchiez de près, cette Reine qui vous aime, ô brave peuple d'Espagne ! vous verriez qu'avec sa nature généreuse et sensible, il lui est impossible de ne pas être foncièrement Libérale. Est-ce que l'on peut ne pas aimer la liberté quand on a le cœur aussi haut, aussi fier et aussi bon ? Vous tous qui, de l'Espagne, tournez vos regards vers le coin de terre étrangère où vit exilée votre Reine et appelez de vos vœux sa rentrée dans Madrid, écoutez : Les Bourbons retourneront s'asseoir sur le trône de leurs pères ; la paix se fera entre eux et les fauteurs audacieux de la Révolution ; et cette légitime succession de vos Souverains, qui faisait votre fierté, va reprendre son cours. Voici les raisons pour lesquelles la Justice méconnue va relever ses autels un instant abattus.

III

Toute révolution brusque a toujous amené
une réaction quand elle ne trouvait pas d'appui à l'extérieur. Nul peuple ne sympathise
avec les révolutionnaires espagnols. Des ca-
binets étrangers ont pu, trompés par la di-
plomatie, reconnaître le gouvernement pro-
visoire ; mais c'est une erreur qui provient
du peu d'ardeur des partisans de la Reine à
la défendre dans les premiers moments de
la surprise. Ces adhésions, du reste, sont
stériles. Donnent-elles des armes, de l'argent, des conseils seulement à l'Espagne ré-
voltée? Les gouvernement honnêtes et sages
ont vite reconnu que là où l'honneur et la
loyauté faisaient défaut, les aspirations du
vrai peuple espagnol étaient indignement
travesties et qu'ils avaient été dupés. Les
révolutionnaires sont donc sans appui et se
trouvent réduits à leurs propres forces.
Qu'ont-ils créé? Qu'ont-ils fondé? En quoi
ont-ils fait réaliser à l'Espagne un progrès?
Il n'y a eu de progrés que dans la dette publique grandissant sans cesse. La Constitution qui vient de naître est essentiellement
perfectible et il n'était pas besoin de faire
tant de bruit pour si peu de chose.

Tous ces faux grands hommes se regardent
aujourd'hui stupéfaits et découragés. Ils ont

fait perdre du temps, de l'argent, des illusions à un brave peuple, qui, après s'être consulté, déclare que la monarchie constitutionnelle est le meilleur des gouvernements : principe reconnu pendant tout le règne d'Isabelle II. Le système républicain préféré aurait seul fait donner, dans l'histoire, un caractère sérieux à la révolution de septembre. Après tant de cris, de vociférations, de tumulte et d'agitations, on déclare que le gouvernement qu'on possédait, modifié par certains petits changements anodins et superficiels, était excellent. Car telle est la vraie signification de ce qui se passe en Espagne. On en est réduit à déclarer, — et encore avec très peu de franchise, — que la Reine Isabelle, seule, doit être écartée et l'on n'est pas loin d'offrir la couronne au Prince des Asturies, parce qu'après avoir honteusement (et vainement) frappé à tous les palais des princes étrangers, on reconnait qu'il vaut mieux s'en tenir à une illustre famille dont le dévouement et le patriotisme ont fait leurs preuves.

Ces aspirations générales de la nation en faveur de la Maison de Bourbon, sont évidentes. On ne peut pas trouver mieux : on veut reprendre ce qu'on avait. Quel est le candidat sérieux qui, à l'exception du Prince des Asturies, réunisse les sympathies et soit l'objet des vœux des Espagnols ?

L'offre probable de la couronne au Prince des Asturies implique l'abdication préalable de la Reine Isabelle II.

Cette abdication serait-elle honorable et digne? Je ne le pense pas; parce que si l'on veut du fils, c'est par hostilité contre la Mère, et si l'on se déclare l'ennemi de la Mère, n'est-il pas du devoir de celle-ci d'aller droit à ses ennemis, et de prouver par son courage à reprendre son trône et par sa fermeté à tenir ses serments, qu'elle est méconnue? Abdiquer dans de pareilles conditions, n'est ce pas admettre que la Révolution a été une affaire personnelle, intéressant la Reine, où sa dignité de femme et ses capacités politiques sont mises en jeu? Abdiquer ainsi, en faveur d'un fils qui aura à observer une constitution, différant peu de celle que la mère avait jurée et que celle-ci est du reste bien près d'adopter dans tous ses changements, n'est-ce pas se déclarer incapable de gouverner? N'est-ce pas se donner un brevet de nullité? Or, l'histoire d'un quart de siècle est là pour prouver que cette abdication, que ce brevet de nullité sont impossibles; car l'iniative de la grande Reine Isabelle II a fait entrer l'Espagne, toutes voiles déployées, dans le port de la civilisation. J'ai rappelé ailleurs les entreprises de ce long règne, les réformes importantes en économie politique, les travaux d'utilité publique et les essais, suivis d'un complet succès, de régénération politique, sociale et industrielle, qui ont été dus, dans toutes les branches de l'activité humaine, au courageux esprit de réforme de l'auguste Souveraine.

Au surplus, pourquoi parler d'abdication ? Les abdications faites dans de semblables conditions n'ont, selon moi, jamais servi qu'à attester le degré d'infortune où étaient tombés les souverains qui les signaient. Une abdication forcée n'a jamais relevé un trône. Ni Napoléon Ier, ni Louis-Philippe n'ont sauvé la couronne en abdiquant, l'un, en faveur de son fils, l'autre de son petit-fils. Ce sont des mesures désespérées, dont l'expérience démontre l'inutilité. Si le choix est permis entre deux manières de finir, il vaut mieux prendre celle qui vous enveloppe de dignité et de fierté et vous laisse tomber, au milieu de la mêlée, meurtri, sanglant et blessé, mais Souverain toujours et la couronne de vos ancêtres inébranlable sur vo're tête. Un gentilhomme, réduit à la misère, peut tout vendre, tout excepté l'épée avec laquelle son aïeul a gagné son titre ou le parchemin qui lui octroie sa noblesse, tout excepté cela, même pour nourrir son fils. Il faut savoir prouver aux républicains que Brutus n'est pas un type existant seulement dans leur parti, et que les royalistes ont aussi des types d'orgueil invincible et d'entêtement sublime, qui font disparaître les raisons matérielles et secondaires derrière la dignité personnelle à maintenir haute, fière, noble et énergique, malgré tout, envers et contre tous.

Or, puisque les ennemis les plus irréconciliables des Bourbons devront reporter leurs yeux sur le Prince des Asturies, grâce à l'absence de tout autre candidat sérieux, — l'honneur défendant au duc de Montpensier de persister dans sa candidature, — et d'un autre côté, ses opinions absolutistes étant un éternel obstacle pour Don Carlos, puisque la Reine, par son énergie à maintenir son refus d'abdiquer, se trouvera, par la force des choses, poussée au succès par les sympathies qu'acquiert chaque jour son fils, ceux qui croient que l'enfant n'a pas droit à la fortune de ses parents de leur vivant, doivent se réjouir de la victoire assurée à Isabelle II.

Après cela, son honneur étant sauf, la Reine, *sans y être forcée*, pourra prendre telle résolution qui conviendra à sa dignité royale, à son repos, à sa gloire.

IV

Au commencement de la Révolution, alors que celle-ci, par la trompette de journaux stipendiés, paraissait gagner une réputation sérieuse, il y avait peut-être à prendre par la Reine Isabelle, un rôle autre que celui qu'il lui a convenu de prendre. C'eût été d'adresser un manifeste à la nation espagnole, conçu d'après l'idée suivante, et non pas conçu dans un sentiment de malédiction ou de vengeance, que le noble cœur des deux Souverains d'Espagne n'a jamais connu :

« Vous aviez, aurait pu dire la Reine aux Espagnols, une Constitution et des Ministres responsables, chargés, avec moi, de la faire respecter. Cette Constitution n'a jamais été violée par moi ; et mon Gouvernement l'eût-il violée, la responsabilité devait retomber sur mes Ministres, et non sur moi, Reine, qui suis inviolable. Il s'est rencontré des hommes qui n'ont plus trouvé la Constitution assez libérale. Mais pourquoi me faire un crime de ce peu de libéralisme ? Ce n'est pas moi qui ai inspiré ou rédigé cette Constitution. On a voulu un autre pacte fondamental. La Constitution prévoyait le cas où des modifications pourraient être introduites et réglait les formalités à observer pour atteindre ce résultat. Quelques militaires ont désiré obtenir ce dernier sans tenir compte des formalités légales ; mon devoir à moi, qui voulais et avais juré le respect de la Constitution, était de m'opposer à cet acte de violence.

« Les trois chefs de cette prise d'armes ne pouvaient être à mes yeux que des criminels de lèse-nation. Ils ont triomphé, et m'ont déclaré, moi et ma dynastie, déchus du trône : en avaient-ils le droit ? De qui auraient-ils tenu ce droit, si ce n'est de la force brutale ? A la nation seule, librement convoquée dans ses comices et ne subissant aucune pression, appartient le droit de prononcer sur ce point, comme sur tous ceux qui intéressent son honneur et sa souveraineté. La nation veut, dit-on, des institutions plus larges. Je n'ai jamais eu qu'une ambition, le bonheur du peuple ; mon titre de Reine constitutionnelle m'oblige à chercher ce bonheur par tous les moyens et en faisant toutes les concessions possibles ; j'accepte donc d'avance la Constitution honnête, sage et loyale que le peuple, dans la sagesse de ses représentants, jugera la plus propre à le conduire à ce but désiré. »

Les allures franches d'un pareil manifeste auraient déjà fait rentrer aujourd'hui à Madrid la Reine Isabelle ; mais cette démarche devenait impossible lorsque la révolution perdait son caractère sérieux, accumulait faute sur faute, et se déconsidérait, même auprès des libéraux avancés dans tous les pays.

Il ne fallait plus dès lors la regarder comme la volonté brutale, énergique, soudaine, violente, mais réelle d'un grand peuple ; il fallait la regarder comme une rébellion cruelle, mais petite dans sa cause et dans ses effets, et il a été raisonnable de prendre l'expectative, d'attendre que les forces factices de ce mouvement insurrectionnel s'usâssent d'elles-mêmes : c'est ce qui est arrivé. Tout a tourné contre les révolutionnaires, et le suffrage universel même, qui était destiné à rendre étrangère pour toujours à l'Espagne la famille des Bourbons, sera le pont qui fera passer celle-ci de l'exil sur le trône. En effet, le suffrage universel, dans une main habile, est le contraire de tous les éléments formant une monarchie constitutionnelle avec inviolabilité du Prince et responsabilité des ministres ; il conduit à l'arbitraire, et l'Espagne ne voudrait pas de ce régime, encore que cet arbitraire fût confié à un homme de génie. Or, Isabelle II, qui a fait ses preuves de Reine constitutionnelle, peut seule conserver ce tact qu'il faut pour ne pas tomber dans le despotisme, grâce au suffrage universel. D'ailleurs, ce suffrage répugne aux doctrines de droit divin de don Carlos et ne peut être aimé par le duc de Montpensier, fils d'un roi qui, à propos de cette institution, a perdu sa couronne en France.

Le suffrage universel, d'un autre côté, consulté librement, ramènerait à Madrid une famille, qui a des attaches profondes dans le peuple, et qui a toujours reçu des marques de popularité et de sympathie quand le peuple a pu parler sans contrainte.

La connaissance intime de ce peuple donne l'assurance de l'éternelle affection de l'Espagne campagnarde et prolétaire pour ses princes légitimes. Les protestations de quelques chefs de file, ambitieux et tourmentés par le désir de jouer de grands rôles plutôt que de rendre service à la patrie, peuvent faire croire à l'Europe le contraire, parce que dans ce cas, comme toujours, ceux qui paraissent avoir raison sont ceux qui crient le plus fort.

Laissez se déconsidérer tous ces beaux parleurs par leurs propres fautes, par leurs trahisons et par leur jalousie réciproque, et l'Espagne saura bien retrouver son ancien cœur et ses anciens dieux.

De vrais talents, au lieu d'attaquer un trône qui, même renversé, doit être remplacé par un autre, se seraient mis à côté de lui pour le défendre et le conserver, même malgré lui. Le vrai talent aide à maintenir, et non à abattre. L'Espagne révolutionnaire ne compte pas un seul de ces hommes hors ligne, supérieurs et éminents, qui fondent, par leur génie, des institutions durables, savent les imposer avec énergie, et maintenir leur glorieux monument, malgré les insultes : l'homme fort élève sa patrie et ne l'abaisse pas, et c'est pourquoi, sans autre appui que quelques petits hommes d'Etat qui ont pris leur ambition pour du génie, et le désir de monter au pouvoir pour la puissance qui y fait rester ; c'est pourquoi la révolution espagnole périra et n'aura rien produit, qu'un peu de honte pour l'Espagne et beaucoup de douleur à ses Souverains. Ceux-ci sauront faire rentrer ce noble pays dans le calme de la prospérité et dans cette voie d'émulation où doit marcher un peuple qui veut reprendre sa place à la tête du monde civilisé et des grands peuples.

Oh ! si nous ne prenons point nos vives aspirations pour des rêves trompeurs, l'Espagne, que gouvernerait maintenant Isabelle II, grandie par le malheur, grandie surtout par un pardon général et par l'oubli des fautes, cette Espagne recouvrerait son ancienne gloire. Que lui faut-il, à ce noble pays ? Un Souverain qui l'aime : Isabelle II est là.

« Prendre des mesures promptes et sérieuses en faveur de l'industrie, qui s'anéantit; porter l'attention des Chambres vers l'augmentation de la marine, dont l'influence au loin rattacherait, en les faisant valoir, des colonies toujours prêtes à se désaffectionner; diminuer l'armée de terre, dont les chefs inoccupés et ambitieux finissent quelquefois par devenir les plus redoutables ennemis du trône; relever le drapeau de l'Espagne dans les affaires extérieures avec une énergie véritable et la dignité qui convient à une nation robuste; faire profiter celle-ci de l'influence et des amitiés que le caractère sympathique et loyal de Sa Majesté Isabelle II lui a conquises auprès des Souverains dans les cours européennes; tels seraient quelques-uns des traits d'un grand plan de politique qu'adopterait sans doute la Reine à son retour à Madrid, avec cet élan du cœur et cette sincérité convaincue qui feraient de sa couronne l'une des couronnes les mieux portées, si des hommes patriotiques, aimant la Patrie et la Reine plus qu'eux-mêmes, savaient la servir en s'effaçant, la soutenir de leurs conseils en se dévouant généreusement sans calcul personnel.

Il s'agit moins, dans cette restauration, d'être utile à une famille illustre qu'à un grand peuple qui se meurt sans elle et dont le Libéralisme Européen doit souhaiter la gloire : l'Espagne, forte et bien gouvernée par une Reine constitutionnelle, jetterait, en effet, son épée dans la balance des af-

faires du continent en faveur de toutes les
idées généreuses et de tous les sentiments
élevés, dont le libéralisme modéré est la
personnification, et qui sont aussi précieux à
la Reine Isabelle qu'à tous les hommes de
cœur de l'Europe. Nul n'est plus digne
qu'elle de faire valoir, pour le bonheur de
l'Espagne, les grandes pensées dont la mise
en pratique vaudra au monde moderne une
place si lumineuse et si grande dans le cycle
de l'histoire.

Un Gênois découvrit l'Amérique; mais ce
fut l'Espagne qui mit en vue le Nouveau-
Monde. A Isabelle II il appartient de faire
remplir encore à sa grande et belle patrie
cette mission dans le monde moral et politique. L'Espagne, régénérée par une princesse
de cœur et de talent, pourra montrer aux
autres grands Etats l'alliance de la liberté,
de l'ordre et de la monarchie.

1er *juin* 186

Paris. — Imprimerie TOWN et VOSSEN, rue d'Aboukir, 9.

62

9 782013 361101